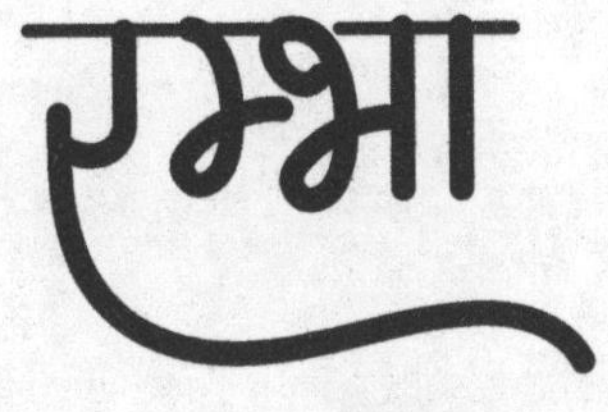

रम्भा

खंडकाव्य

रम्भा

खंडकाव्य

शिवानन्द चौबे

PRACHI DIGITAL PUBLICATION

Book   : Rambha

Author   : Shivanand Chaubey

Edition   : 1st (November, 2020)

ISBN   : 978-93-87856-37-0

© Author

Published by

 PRACHI
DIGITAL PUBLICATION

Regd. Add.: 254, Khuriyakhatta No. 10, Bindukhatta,
Lalkuan, Nainital - 262402, Uttarakhand, India
Website : www.prachidigital.in
E-mail : editor@prachidigital.in
Contact : +91-976041-7980, +91-976041-8103

Printed by :

Manipal Technologies Limited, Bangalore - 560025, Karnataka

कविवर शरदेन्दु
को सादर समर्पित

दो शब्द...

अनचाहे कार्य करके भी बिना किसी अपराध के दण्डित होना नारी की विडम्बना रही है। जो करे उसके लिए भी दोषी और जो न करना चाहे उसके लिए भी दोषी। रम्भा ऐसी ही एक निर्दोष नारी की कथा है जो विवश हो कर एक ही अपराध की पुनरावृत्ति करती रही और तब तक दण्ड पाती रही जब तक एक नदी के रूप में परिवर्तित नहीं हो गई। इस रूप परिवर्तन में भी आज तक दण्ड ही भोग रही है। सदियाँ बीत गईं पर उसका निस्तार नहीं हुआ। यह समाज के लिए चिन्तन का विषय है। कम से कम जो अकृत्य करने की इच्छा न हो उसके लिए नारी को विवश करना मनुष्यता नहीं पशुता है। नारी की इसी पीड़ा को उकेरने का क्षुद्र प्रयास इस खण्डकाव्य में मेरे द्वारा किया गया है।

शुभम् भवतु।

शिवानन्द चौबे
दीपावली 2020 ईसवी

प्रथम भाग

मंगलम

नारायण जैसा नहीं तीन काल में कोइ।
अतुलित बल विक्रम अतुल जो चाहें सो होइ।
जो चाहें सो होइ असम्भव कुछ न जग में।
हुआ न ऐसा कोइ रोक ले जो मारग में।
तुम करुणा निधान भक्त हित का पारायण।
करते सदा, सहाय होहु मम हे नारायण।।

वीणा वादिनि शारदा कवि कुल की आराध्य।
कविता वनिता के लिए एक तुम्हीं माँ साध्य।
एक तुम्हीं माँ साध्य बाध्य तव पदवन्दन को।
मति आतुर रहती अविरत तव अभिनन्दन को।
तुम्हीं सहायक पायक हम कलकण्ठ निनादिनि
पुनि पुनि तुम्हहिं प्रणाम अरे माँ वीणावादिनि।।

रम्भा

सागर मन्थन में दिखा सबका सहज स्वभाव।
वैर देवता असुर भी बिसरे समय प्रभाव।
बिसरे समय प्रभाव शत्रुता तजे स्वार्थ में।
पर छल मन में धरे प्राप्य अपने ही अर्थ में।
सुर नर मुनिजन देव स्वार्थ में सब हैं आगर।
असुर तो रहे असुर करें मिलि मन्थन सागर।।

धनवन्तरि कर अमिय ले औषधि जिसु प्रतिरोम।
कामधेनु कल्पद्रुम अमरावति शशि व्योम।।

रम्भा से पहले प्रकट श्री मणि हुई अनूप।
पाश्चजन्य धनु हरि लिए चारों अति अपरूप।
चारों अति अपरूप बाजि ऐरावत सुरपति।
सुरा असुर विष कालकूट को गह्यो उमापति।
रूप अनूपम देखि हुआ अति रतिहि अचम्भा।
सुन्दरि सबै सिहात प्रकट देखी जब रम्भा।।

उच्छल पड़ी हो लहर ज्यों शुभ्र सिन्धु के अंक।
झिलमिल झलकति सुन्दरी दिव्यरूप अकलंक।
दिव्य रूप अकलंक रंक सब तेहिं के आगे।
रजनी का पट चीर भोर मुस्काती जागे।
धरा परी सहसा मधुर स्निग्ध चाँदनी बिछल।
जड़ चेतन सब देखकर सहसा ठिठके उछल।।

अँगड़ाई लेती किरण चुभन मर्म को वेध।
बंकिम चितवन कर रही सम्मोहन का मेध।
सम्मोहन का मेध लहर की मीठी हलचल।
यौवन पड़ता छलक वक्र हो ढरका अश्रल।
नभ में आकर्षण की सघन घटा चढ़ि आई।
रस विभोर त्रिभुवन कर देती ले अँगड़ाई।।

मस्त मधुप मधु कँह जा कँह अति मधुलोभ।
पंकज आनन देख कर वो भी घुर्मित क्षोभ।
वो भी घूर्मित क्षोभ पास आता ललचाता।
अधरकोष से ले पराग इतना ही नाता।
त्रस्त भीत रवि ढल कहीं हो न जाएँ अस्त।
डरे कोष में बन्द न हो जाए मदमस्त।

मन्दर मथनी धरा घट कम्पति दही पुनीत।
मथते मथते आ गया उठ ऊपर नवनीत।
उठ ऊपर नवनीत धवल हिम के प्रखण्ड सी।
कसी निकष आभा स्वर्णिम ज्यों कनकदण्ड सी।
सुषमा जग की सकल समाहित कर निज अन्दर।
प्रकट करी विधि ने मथ मन्थर गति गिरिमन्दर।।

गूँगी बहरी सी लगे तुम्हे चेतना देख।
तुमसे सुषमा की खिंची सबसे लम्बी रेख।
सबसे लम्बी रेख मूर्छा सी छाई है।
किंकर्तव्यविमूढ़ प्रकृति ज्यों अलसाई है।
अवयव फीके हुए प्रकृति थी जिसकी प्रहरी।
व्यर्थ हुए उपमान प्रकृति अब गूँगी बहरी।।

रत्नाकर का हो गया सार्थक तुमसे नाम।
तल से बाहर कर हुआ कम्पति पूरनकाम।
कम्पति पूरनकाम प्रफुल्लित मन से विहँसे।
लहरों का परिहास उच्छलित प्रतिपल निकसे।
अनुपमेय बस दो ही नभ में एक सुधाकर।
तुम्हें अपर अवलोकि चकित सस्मित रत्नाकर।।

मधुघट सा मन का हरण करती स्वर्णिम कान्ति।
निरख निरख मिलती सुखद नयनों को विश्रान्ति।
नयनों को विश्रान्ति हृदय की कलिका खिलती।
इठलाती सी जुही कोई डाली पर हिलती।
सँभल नहीं पाता विछलाता है खुद पनघट।
पिच्छल हुआ निहार सुनहरा शोभन मधुघट।।

अमराई में झर रहा मंजरियों से नीर।
लगे टिकोरे ताकता बैठ डाल पर कीर।
बैठ डाल पर कीर गन्ध मादक छितराई।
जैसे ही तुम जलधि गर्भ से आ उतराई।
सुरभित कर वातास डाल अवनत गदराई।
अरी लग रही एक महकती सी अमराई।।

बँसवारी पाकर पवन करती मञ्जुल गान।
झूम झूम कर छेड़ती मधुर सुरीली तान।
मधुर सुरीली तान झनक जैसे पायल की।
शहनाई सी भर उसाँस जैसे घायल की।
अथवा सजी धजी दुल्हन की ज्यों असवारी।
धानी चूनर पहन करे नर्तन बँसवारी।।

हरियाली कुछ बहकती लहक रही है खेत।
अन्तस्तल को मोद जिमि छाड़ि उसाँसन देत।
छाड़ि उसाँसन देत तोड़ तट के बन्धन को।
यौवन प्लावन हेतु अधिक आतुर गन्धन को।
भरी छलकती माणिक मदिरा की मृदु प्याली।
जटित नीलमणि आभा रक्तिम ले हरियाली।।

पारसमणि स्पर्श से लौह स्वर्ण गति होय।
आलक्तक पग को परसि रह्यो वर्ण निज खोय।
रह्यो वर्ण निज खोय दीनता पग को देखे।
रंग हमहुँ ते चोख आपनेहिं मनहिं सरेखे।
दन्तकान्ति मुस्कात देख सहमे सब सारस।
बूझे खुद को लौह अरे सुन्दरि तू पारस।।

रोमपँक्ति अतिशय मसृण शुभ्र वसन कौशेय।
सकुचाता स्पर्श पा समझ स्वयं को हेय।
समझ स्वयं को हेय सरकता धीरे धीरे।
कहीं त्वचा को तन्तु कोई उसका न चीरे।
गौर धरा पर आ रहा झुका श्याम ज्यों व्योम।
नाभि भँवर पर नाचती लगे पँक्ति त्यों रोम।

अलकें कजरारी घनी दीरघ धरीं नितम्ब।
उनए कारे मेघ की बनी हुईं अवलम्ब।
बनी हुईं अवलम्ब नयन कजरारे कारे।
विचर रहे स्वच्छन्द गगन में हो मतवारे।
उद्वेलित रतिकाम देख उठ गिरती पलकें।
झुक आगे कपोल का चुम्बन लेती अलकें।।

मानिनि जलतीं डाह में निरखि रूप की राशि।
दाँत तले उँगली दबा मन में रहीं निराशि।
मन में रहीं निराशि काह करनी विधि कीन्हे
सुघराई को कोष निछावर इहि करि दीन्हे।
श्याम मेघ के बीच चमक उठती ज्यों दामिनि।
तैसे सागर बीच तड़ित सी देखें मानिनि।।

राह विस्मरण पथिक को हुआ रहा न बोध।
कँखरी से गठरी खिसक गिरी रहा अब शोध।
गिरी रहा अब शोध बुद्धिगति ऐसी ठहरी।
चेतन की प्रतीति जड़ के सम लगती गहरी।
सुरति रही न लक्ष्य की विगत हुई गति चाह।
आकर्षण में विस्मरण राही भूला राह।।

आषाढ़ी वर्षा बिना कौन करेगा शान्त ?
दावानल वन में उठे जड़ चेतन सब क्लान्त।
जड़ चेतन सब क्लान्त धधक कर बढ़ती जाए।
बिन तेरे घनश्याम उसे अब कौन बुझाए।
तुम दावा सी रूपराशि चढ़ती सी बाढ़ी।
माथे उनए केश घटा उमड़ी आषाढ़ी।।

सिहरन होती देह में बासन्ती मधुमास।
हवा प्रतीची से चले लगे रचाती रास।
लगे रचाती रास मास फागुन मनभावन।
कूजत कोकिल डाल मधुर सुर सबहिं सुहावन।
छाल छाल हर तरु के होने लगती चिहरन।
तुम फागुनी बयार और मीठी सी सिहरन।।

पहन प्रकृति इतरा रही भरी अधिक अभिमान।
विकसित नवल प्रसून के बहुरंगी परिधान।
बहुरंगी परिधान धान की स्वर्णिम बालें।
कण्ठहार सी झूल रहीं उर लेत उछालें।
तुम्हहिं देखि मदचूर बिसूरति बैठी अहन।
लग्यो व्यर्थ परिधान रही जो तन पर पहन।।

सावन की रिमझिम झड़ी अविरत पड़े फुहार ।
पुरवाई भी झूम कर करती झमकि विहार ।
करती झमकि विहार हार मोतिन को गर में ।
बूँद उछरती लगे झूलता कण्ठ सुघर में ।
हुई बेचारी की गति तुम्हरे इक धावन की ।
आवन को सन्देश झड़ी कहती सावन की ।।

रतन सुशोभित हाट में, बन्द तिजोरी होइ ।
वाको तब कछु मोल न धरे जो जानइ सोइ ।
धरे जो जानइ सोइ होइ परतीति आन न ।
हाट रहे अनमोल यही इक रीति आन न ।
आवत जात बटोही का भी मन हो लोभित ।
भरे सनेह निहारें सब ही रतन सुशोभित ।।

तारे तब तक चमकते जब तक नभ में चाँद।
मुस्काता आता नहीं तज कर अपनी माँद।
तज कर अपनी माँद रश्मि का जाल बिखेरे।
फिर तो सब उपमान उसी के लगते चेरे।
तुम्हें देख अपलक अब अमरावती निहारे।
तुम पूनम के चाँद हुए फीके सब तारे।।

देवसभा को समर्पित निर्णय हुआ अनूप।
मन ही मन गदगद हुए देव सहित सुरभूप।
देव सहित सुरभूप अप्सराओं की रानी।
तेरे आगे रूप स्वयं भर जाए पानी।
जैसे हुआ विहान भानु की विकसी आभा।
हर्षित प्राप्त तुम्हे कर प्रमुदित देवसभा।।

गुण की पूजा जगत में या कि रूप की होइ ।
और पूज्य तिहुँ लोक में हुआ कभी न कोइ ।
हुआ कभी न कोइ देव सब वन्दित गुण से ।
असुर निशाचर दैत्य रहे निन्दित अवगुण से ।
तू तो कलाप्रवीण तनिक न तुझमें दुर्गुन ।
संगम करते आ तुझमें सब रूप और गुण ।।

नारद अरु तुम्बरू चकित सुनत गान की तान ।
लास्य बिछा पग पग रहे यति गति का अवसान ।
यति गति का अवसान टेर ऊँची से ऊँची ।
अति दीरघ आलाप गिरे सम पर तब नीची ।
वर्ण वर्ण उच्चार चकित अति सुनि सुनि शारद ।
राग रागिनी मत्त मत्त सुनि तुम्बरु नारद ।।

दीपक मेघ हिंडोल श्री भैरव राग मल्हार।
मालकौंस आसावरी ठुमरी अरु केदार।
ठुमरी अरु केदार कान्हड़ा भीमपलाशी।
वागेश्री कल्याण भैरवी हवै रही दासी।
काफ़ी राग बिलावल सुर लय ताल चकाचक।
भक्क से जले दीप राग जब टेरे दीपक।।

ठहि ठहि के पटमंजरी जोगिया राग विहाग।
चैता कजरी पूरबी सोहर अति अनुराग।
सोहर अति अनुराग उचारे झूम लचारी।
वर्ण वर्ण रसभरी मनोहर गावै गारी।
होली गीत उलार ढार सुर पंचम गहि के।
तीन ताल चौताल झूमि गावै ठहि ठहि के।।

भरतनाट्यम कुचिपुड़ी कत्थक मोहक लास्य।
नृत्य ओड़िसी कथकली स्वीकारे सब दास्य।
स्वीकारे सब दास्य मणिपुरी छम छम नाचे।
गरबा रास विदापत घूमर साँचेहु साँचे।
तान तोरि मुँह मोरि दिखावे मोहिनीअट्टम।
नैन नचाइ रिझाइ सुघर वर भरतनाट्यम।।

नन्दन कानन झूमते तरु अनेक छतनार।
मौलसिरी कादम्ब वट देवदारु कचनार।
देवदारु कचनार मनोहर पारिजात पुनि।
दोहद के हित बहु अशोक रोपे तँह चुनि चुनि।
मदनोत्सव बहुभाँति होत तँह बहु तरु चन्दन।
विचरें सब पुष्पित रहता नित कानन नन्दन।

सभा में नृत्य नूतन नित नया आमोद होता है।
कुतूहल जागता रहता अधिक ही मोद होता है।
हर्षित देख कर सब देव ऋषि गन्धर्व किन्नर भी।
यक्षों के सहित सबका मनोविनोद होता है।

सहेली मेनका औ उर्वशी जो उरबसी सी है।
प्रम्लोचा घृताची कृतथली भूषण लसी सी है।
अनुम्लोचा तिलोत्तम पूर्वचित्ती पुंजिका वर्चा।
सभी के बीच रम्भा इक मधुर मीठी हँसी सी है।।

प्रमुख थी अप्सराओं में मलयगिरि गन्ध लगती थी।
अल्हड़पन लिए यौवन की ही अनुबन्ध लगती थी।
कला कौशल सुघरता की खतम सीमा जहाँ होती।
मना है बुद्धि आगे जाए न प्रतिबन्ध लगती है।।

कृतथली – कृतस्थली, तिलोत्तम – तिलोत्तमा, पुंजिका – पुंजिकस्थला

सुलभ सबकुछ सदा ही हास औ परिहास चलता है।
चकल्लस में किसी का भी करो उपहास चलता है।
कोई न रूठती नाराज होकर या दुखी होती।
जहाँ दुख ही नहीं दुख का कहाँ एहसास पलता है।।

देवों में बुलाता जब कोई भी गेह जाती है।
भरा उल्लास मन में ढेर सा ले नेह जाती है।
तृषित की प्यास बुझ जाए नहाए प्रेम की वर्षा।
बरस जाने को आतुर सावनी बन मेह जाती है।।

कला का ईश्वरी वरदान भी अभिशाप होता है!
किसी के होंठ पर मुस्कान देना पाप होता है!
कभी ऐसा सुनाई न पड़ा न ही लिखा पाया।
अपने में बड़ा ये धर्म अपने आप होता है।।

खुशी से फूल उठते सब मगन हो जब भी गाती है।
लज्जा का कठिन अभिनय निभाती है लजाती है।
निरखते रीझ जाते सब सुघर सौन्दर्य से ही पर।
थिरकती और थिरकन से अधिक सबको रिझाती है।।

*   *   *

द्वितीय भाग

धवल श्रृंग हिम से आच्छादित सुन्दर
वास जहाँ शिव का कैलाश मनोहर।
उमा चरण के आलक्तक से रंजित
धरती की सुषमा की एक धरोहर।।

निकट धनद की पुरी बसी है अलका
यक्षों का मृदुहास तरंगित रहता।
जिसके स्वामी स्वयं यक्षपति धनपति
ऐश्वर्य विछलता सुख का निर्झर झरता।।

धनदपुत्र नलकूबर का आमन्त्रण
रम्भा सज धज चली भली इठलाती।
जैसे सरिता ऊपर से उतरी हो
सागर को जाती मचली बलखाती।।

गुरुतर नितम्ब गहरे रज में पद चिह्नित
प्रत्येक कदम पर कटि का दोलन हलके।
उन्नत उरोज के बोझ झुकी, माथे पर
स्वेद विन्दु की विरल पँक्ति सी झलके।।

विस्फारित नयनों से मारग को ताके
प्लावित सुरा चषक से जैसे छलके।
रक्तकमल सा अग्रपोर उँगली का
केश छुए तो खिला मध्य ज्यों जल के।।

कौशेय वसन पग में आलक्तक रंजित
छम छम झनक झनक पायल झमकाती।
कटि किंकिनी मधुर रव में बज उठती
मन्थर गति मराल सी बढ़ती जाती।।

कसी कंचुकी में कपोत दो उभरे
उड़ जाने को आतुर हो अकुलाते।
क्षीण कण्ठ पर हार हठी हिलते से
छू उरोज मन ही मन में इतराते।।

पुटक अधर का जिसमें मोती उज्ज्वल
हंस चश्चु सी सुघर नासिका लपके।
कज्जल रंजित नयनों की बदली में
तड़ित दिखे पलकों को जब भी झपके।।

कुमकुम रचे कपोल लपट सी उठती
मणि की छटा ललाट बसी सी लगती।
वेणी व्याल निहार रही है घेरे
तृषित देखती देख पिपासा जगती।।

अंग – अंग आभूषण पहने शोभित
षोडश रच श्रृंगार वधू सी चञ्चल।
चली जा रही धीरे – धीरे – धीरे
लहराता सा पवन सुवासित अञ्चल।।

अघटित घट जाएगा कैसे कब क्यों
इसका कुछ अनुमान नहीं होता है।
नियति बिछाए शूल कहाँ बैठी है
इसका किंचित भान नहीं होता है।।

माँझी औ पतवार नहीं हो तब भी
बहते – बहते तरणी तट लगती है।
भाग्यहीन की भी जीवन में निश्चित
सोई किस्मत एक बार जगती है।।

जिसके साथ व्यथा अविरत रहती है
सहते – सहते आदत पड़ जाती है।
जिसे वेदना का अनुभव कम होता
उसे बनाकर पत्थर जड़ जाती है।।

अर्थ नाम का जिसके मात्र रुलाना
रावण मध्यमार्ग में आते देखा।
कामी खल परपीड़क सुर नर द्रोही
उसके जीवन का इतना सा लेखा।।

तप से अर्जित शक्ति महाअभिमानी
पा घमण्ड से फूला फूला फिरता।
अपयश प्राप्त उसी को यश का सागर
मान उसी में स्नात निरन्तर तिरता।।

कज्जल गिरि सा रूप भयंकर काला
आनन दस भुज बीस भयानक दिखता।
खाली घट दुष्कर्म उसे ही भरता
निज कर्मो से पाप कथा को लिखता।।

रम्भा को देखा कामान्ध निरंकुश
आ समीप बोला सुन्दरि रुक जाओ।
शान्त करो वासना मेरी पहले तुम
फिर जाना हो जहाँ वहाँ तुम जाओ।।

सामर्थ्य किसी में नहीं अवज्ञा मेरी
करे और जीवित रह जाए जग में।
बल विक्रम अथाह मुझमें आप्लावित
पौरुष भरा हुआ बहता रग रग में।।

मैं चलता हूँ तो कँपती है धरती
दिग्गज मुझको देख - देख थर्रातें।
देवों का गिरिखोह पलायन होता
जहाँ के तहाँ सभी भाग छिप जाते।।

अंकशायिनी बनकर मेरी तू भी
होगी धन्य कृतार्थ और कृतकृत्य।
हँसकर आलिंगन कर मेरा सुन्दरि
रावण को तू समझ स्वयं का भृत्य।।

अरे काल के अग्रज जैसे दानव
याचित स्नेह तुझे जड़ भी न देगा।
आलिंगन तो दूर चाहकर तेरी
छाया भी खुद पर न पड़ने देगा।।

अकुलाता मन लगता वमन अभिप्सित
तुम्हे देख कर घृणा उमड़ती मन में।
रस वीभत्स की साक्षात परिभाषा
कुंठित होता है श्रृंगार हर क्षण में।।

व्रण मथता है वैसे ही तुम कुत्सित
घृणित पीप रिसते इक फोड़े जैसे।
दर्पण नहीं निहारे अपनी सूरत
तुम देखो तो दर्पण खुद को तोड़े।।

व्यवहृत जल के मार्ग पड़े कीड़े तुम
तुम्हें भावना का एहसास नहीं है।
नारी को तुम भोग्यवस्तु समझे हो
पीड़ा का किंचित आभास नहीं है।।

होता जिससे स्नेह समर्पित उसको
कर देती है तन मन जीवन सबकुछ।
अपना कुछ अस्तित्व शेष न रखती
रखती नहीं बचा करके वह फिर कुछ।।

रोको मत गन्तव्य राह को छोड़ो
अबला समझ नहीं गतिरोध बनो तुम।
क्षणिक वासना के वश में हो करके
अनायास ही नहीं विरोध बनो तुम।।

रावण बोला मुझे समझती क्या है
कंकड़ कोई राह पड़ा दिखता हूँ।
ठोकर मार हटा देगी इक पल में
कंटक या मै पैर गड़ा दिखता हूँ।।

जिनके आगे झूम नाचती दिन भर
सुनकर मेरा नाम काँप जाते हैं।
चुल्लू भर न पानी सूख से पीते
एक ग्रास भी सुख के न खाते हैं।।

और अगर कहने से मैं हट जाता
रावण का सुन नाम कौन रोता फिर।
देवलोक संशय से व्याकुल न हो
निशकाल में सुख निद्रा सोता फिर।।

मन में आया करके है मानूँगा
तू हाँ या ना कह क्या अन्तर पड़ता।
अन्तिम आग्रह है अनुरोध निवेदन
मान इसे तू तजकर अपनी जड़ता।।

रम्भा ने फिर से फटकार लगाई
तेरा चाहा नहीं कभी हो सकता।
असर जरा भी मुझपर नहीं पड़ेगा
तू चाहे सारे दिन रह यूँ बकता।।

दमन किसी का बल से छल करना
कभी वीरता का अध्याय नहीं है।
स्वाभिमान पददलित किसी का करना
शठ सुन ले उत्तम व्यवसाय नहीं है।।

चुभन किसी को जो काँटों की देता
कभी पुष्प की शैय्या पर न सोता।
आम कहाँ से उसको मिल पाएगा
जो बबूल को ही जीवन भर बोता।।

औरों के हित गड्ढ़े खोद रहे हो
कूप तुम्हारे लिए खुदी खाई होगी।
धूलकणों की सेज शयन पाओगे
साथ नहीं तेरी ही परछाईं होगी।।

व्यर्थ स्वयं को महाबली समझे हो
समय से बड़ा नहीं कोई बलशाली।
जिसने दिन का देखा चटक उजाला
समय दिखाता उसको रजनी काली।।

जिस मस्तक पर ताज सुशोभित होता
भूमि लोटता वही किसी दिन रण में।
जीवन का वरदान सभी का इक दिन
परिवर्तित होता अभिशाप मरण में।।

समझे हो बल पौरुष यही रहेगा
अमर अजेय स्वयं को मान लिए हो।
विधि के इंगित से अन्यथा नहीं कुछ
होता क्यों न इसको जान लिए हो।।

नर के कर से माँग मृत्यु का वर तुम
नर को कीट पतंग समझ बैठे हो।
मान तुला का महाभार अपने को
नर को बस पासंग समझ बैठे हो।।

ज्ञानी औ विद्वान कहाते फिरते
अभिमानी तुम कहाँ कोई लक्षण है?
औरों का अपमान तुम्हारा हठ है
लक्ष्य तुम्हारा मानवता भक्षण है।।

रावण को उपदेश! मृत्यु की इच्छ
तुझमें मुझे प्रतीत प्रबल दिखती है।
तुझे ज्ञात नं असि की करनी मेरी
मरने की कामना सबल दिखती है।।

चन्द्रहास के घाट उतरता है वो
जो विरोध मेरा करने की ठाने।
नजर उठाने से पहले ये तय है
जीवन की सीमा समाप्त वो जाने।।

पर सुन्दरि तू श्लाघ्य सुमन सी पुष्पित
प्राण तुम्हारा मैं न लेनेवाला।
ले पराग उड़ जाऊँगा षटपद सा
भेंट मरण की तुम्हें न देनेवाला।।

तुम जैसी सुन्दर रमणी को रावण
बिना रमण के कैसे जाने देगा?
कौन अधिक मुझसे समर्थ है जग में
गन्ध तुम्हारी औ रस तेरा लेगा।।

तू समीप आ अंक बैठ जा मेरे
एक बार तुझको निचोड़ पी जाऊँ।
अधरों का अमृत दे दे मैं पान करूँ
प्यास मिटा लूँ औ फिर से जी जाऊँ।।

तू जड़ है मूर्ख अधम है पापी लम्पट
अधरों का कहता अभिलाषी खुद को।
तू पात्र नहीं तुझ पर थूका भी जाए
दास काम का तू, तुझ से बेसुध को।।

कोई भी रतिदान नहीं कर सकता
वो चाहे जितना भी कामातुर हो।
देखा अब तक नहीं बुभुक्षित कोई
जो क्षुधा के लिए विष्ठा को आतुर हो।।

बाघों के संग विचरण करती बाघिन
कभी श्रृंगालों के संग सोते देखा।
राजहंस के साथ तिरे मानस में
काग पँक्ति में हँसिनी होते देखा।।

पुष्पित कमल कभी देखा गमले में
कर की गद्दी बाल कभी उगता है?
टिट्टिभ के पदघात हजार पड़े तो
अचल हिमालय कहो कभी डिगता है?

कली खिली कोई पतझड़ में देखी
फाग कहो किस ने सावन में गाया।
रण में फेंक खड़्ग हाथों से किसने
अधर बाँसुरी रख खम्माज बजाया।।

ठहर व्यास बन कर उपदेश सुनाती
अभी मान का मर्दन तेरे करता।
इतना कहकर दौड़ केश को पकड़ा
शिला पटक कर बोझ कोई ज्यों धरता।।

वैसे ही पटका पत्थर पर निर्मम
पंजे बाज दबी गौरैया जैसी।
तोड़ कंचुकी के बन्धन को फेंका
नीवीबन्धन की भी गति की वैसी।।

वधिक हाथ हो पड़ी गाय के जैसे
रम्भा रोती चीख – चीख चिल्लाती।
दाँत और नख के प्रहार पर क्षत पर
हुई अधमरी सी क्षण प्रतिक्षण जाती।।

सुनने वाला नहीं सहायक कोई
विषम वेदना झेल रही तन मन पर।
नोच रहा रावण पंछी के पर सा
लिपटा नाग भयानक तरु चन्दन पर।।

मनमानी कर दुष्ट तृप्त हो कर के
हटा स्वेद को पोंछ भाल से अपने।
पड़ी बिलखती रम्भा लुटी पिटी सी
मर्दित जैसे टूट गए हों सपने।।

फिर सहेज कर वसन उठी थहराती।
पीड़ा से आक्रान्त व्यथित मर्दित सी।
तन से अधिक हुआ मन घायल जिसका
बधिक हाथ बलि पशु जैसी कर्तित सी।।

दृष्टि पड़ी रावण पर हाँफ रहा था
नयन युगल से फूट पड़ी चिनगारी।
ज्वाला धधक उठी आँखों में हिय में
क्रोध प्रकट चेहरे पर हाहाकरी।।

मुँह पर जैसे प्रलय घटा घिर आई
बोली तन का बल तुमसे कम मेरा।
तभी मुझे कुचला है तुमने पापी
पर तुमको भी दुर्दिन ने आ घेरा।।

सुनो आज तुम शाप तुम्हें देती हूँ
नारी की इच्छ के तुम प्रतिकूल कभी।
स्पर्श करोगे तो निश्चय ही जानो
वक्त नहीं होगा तेरे अनुकूल कभी।।

दसों शीश खण्डित हो टुकड़े होंगे
मरण तुम्हारा तत्क्षण होगा तय है।
अब अबला का शीलहरण तुमसे तो
नहीं कभी होगा इतना निश्चय है।।

और लोभ नारी के तन का तुमको
ऐसे ही यदि रहा अगर आगे भी।
तो नारी के कारण मृत्यु तुम्हारी
होगी है ध्रुव सत्य सत्य न भागे।।

सर्वनाश हो जाएगा कुल पूरा
पानी देनेवाला कोई नहीं रहेगा।
उमड़ेगी विनाश की भीषण धारा
डूबेगा पूरा पूरा परिवार बहेगा।।

*   *   *

देवताओं की सभा के प्रमुख के पद पर विराजित
इन्द्र निज आसन सुरक्षित रहे बस इस हेतु चिन्तित
धर्म से सध जाय यदि उत्तम मगर जो न सधे तो
अपर पथ के अनुगमन में भी कभी न हुए लज्जित

आह आसन का महा ये मोह न छूटा कभी भी
त्रस्त कितनों को किया बिन छोह न टूटा कभी भी
जागते सोते यही बस एक चिन्ता ही सताती
चैन सुख अपना कभी तो गैर का लूटा कभी भी

देखते ही तप किसी का हृदय की गति दीर्घ होती
काँपने लगता सिंहासन मुकुट के झर पड़ें मोती
स्वेद में अपने नहाकर आर्द्र होते नख शिखा तक
और स्वाहा गूँज मन में हूक इक नूतन पिरोती

पर बिना इसके भी रहना देवताओं का असम्भव
है यही आधार जो यह नहीं तो जीवन न सम्भव
आसरे सुर इसी तप के हवन के मख साधना के
देवताओं का भले ही चाहे जैसे हुआ उद्भव

किसी के तप को रहा अज्ञात ये परखा गया कब
अन्त में तप स्वाद को कोई कहे चखा गया कब
भंग करने के लिए देवेन्द्र में थी छटपटाहट
और कारण है नहीं है जानकर रखा गया कब

हड्डियाँ सूखी लिए करता पलायन देख नाहर
छीन लेगा श्वान मन में सोंचता न सोंच बाहर
इन्द्र की स्थिति यही पर अस्थि को मुँह में दबाए
हो सुरक्षित खोजते इस हेतु नित ही ठौर ठाहर

उच्च है आवास पर करतूत नीची ही रही है
दूसरों की देख उन्नति आँख मीची ही रही है
सुधा पीकर भी गरल से नेह जाने क्यों रहा है
अन्य हित की बेल इनको गरल सींची ही रही है

उन्मत्त पीकर सोमरस वश काम के होकर मचलकर
ऋषिप्रिया से रतिक्रिया ऋषिवेश रचकर निशा छल कर
शाप के भागी बने पर दृग हजारों खुल न पाए
कर लिया व्यवसाय छल का पास जाते स्वयं चलकर

नवसृजन हित कुशिकवंशी महाऋषि का तप भयंकर
अग्रगामी सृष्टि नूतन स्वर्ग के निर्माण पथ पर
सप्तऋषि रवि चन्द्र रचकर लोक रचते दूसरा ही
सिद्ध यक्षों देवताओं के सहित गन्धर्व किन्नर

मेनका को भेज तप का भंग श्रेयस्कर हुआ जब
मोह के बँध आवरण में आचरण जर्जर हुआ जब
भूलकर उद्देश्य रख तप साधना को इक किनारे
पुरातन अध्याय का ही इक नया प्रस्तर हुआ जब

काम के आवेग में भुजपाश रमनी कण्ठ लिपटा
अक्ष की माला तिरोहित दूर प्रस्थित दण्ड चिमटा
जटा का बन्धन खुला तल्लीन रति में रहे तब तक
गर्भ का रोपण हुआ जाकर कहीं तब मोह निपटा

देख करके काँपती भयभीत कर आश्वस्त उसको
शाप के भय से ग्रसित कर विगत भय विश्वस्त उसको
कहा ऋषि ने प्रेम का प्रतिकार होता शाप न प्रिय
स्नेह से कर शीश धर परितोष कर न त्रस्त उसको

विदा करके मेनका को मार्ग फिर पकड़े पुरातन
तपस्चर्या में हुए फिर लीन फिर तप का प्रवर्तन
ध्येय उससे भी अधिक हो उग्र तप डोले हिमालय
और करवा के रहूँगा इन्द्र से मैं विविध नर्तन

उग्र से भी उग्र होती जा रही थी साधना नित
अस्थि मज्जा को गलाती बढ़ रही थी कामना नित
प्रज्वलित मध्याह्न के मार्तण्ड सा सन्तप्त होकर
तृषा के अवरोध से अब हो रहा था सामना नित

क्षुधा रोके श्वाँस औ प्रश्वाँस की गति कर नियन्त्रित
जप रहे थे साधकर स्वर शब्द थे उच्चरित मन्त्रित
तापते पश्चाग्नि रवि जब उग्र होते दोपहर में
शीत में जल में खड़े हो शीत को करते निमन्त्रित

साधना आराधना नित कठिन होती जा रही थी
भाल पर भी तपस्या नित तेज बोती जा रही थी
सन्तुलन भी सृष्टि का नित बिगड़ता ही जा रहा था
प्रकृति भी अस्तित्व जैसे रोज खोती जा रही थी

फिर पुरन्दर ने पुरानी युक्ति थी आसक्ति जिसमें
आजमाई, और रम्भा स्वामि के प्रति भक्ति जिसमें
को बुलाकर कहा साग्रह तप करो तुम भंग जाकर
रूप का विस्तार ऐसा ऋषि की हो अनुरक्ति जिसमें

साथ लो मधुमास को औ काम उद्दीपक सभी
और लो गन्धर्व जो हों राग के क्षेपक सभी
काम को उर में जगाकर तपस्चर्या तोड़ डालो
इस हठी ऋषि के बुझा दो चाह के दीपक सभी

लीन तप ऋषि रूप के आरम्भ सी रम्भा पधारी
फूस के इक ढेर में आकर पड़ी जैसे चिंगारी
एक पल में बदल वातावरण भी पूरा गया औ
शाख तरु की लता पर नत लता कामातुर निहारी

कीट कृमि जड़ जीव चेतन चेतना का त्याग करके
विकल सारे हो गए मन सहचरी अनुराग करके
सरित भागी सिन्धु को वापी सरोवर को विकल
कली पर आसक्त मधुकर गुँजरित रसराग करके

पुष्प पुष्पित गन्धयुत मलयज पवन संचार सूखकर
कोकिला अमराइयों में गा रही पंचम लगा स्वर
आम्र मंजरियों से रस की उड़ रही बौछार जैसे
साधते गन्धर्व सुन्दर राग की गति यति परस्पर

ऋषि समक्ष पधार रम्भा कर सकल श्रृंगार सज्जित
आ उपस्थित हुई जैसे रूप सरिता ने निमज्जित
गान का पदक्षेप का श्रृंगार का समवेत मिश्रण
सम्मिलित सौन्दर्य जिसको देख रति भी हुई लज्जित

ध्यान टूटा, क्षुब्ध ऋषि ने नयन खोले, देख आगे
अप्सरा को देखते ही क्रोध जैसे स्वयं जागे
दृष्टि से अंगार जैसे झर पड़े मुँह तमतमाया
रौद्र रूप प्रचण्ड जिसको देखते ही शान्ति भागे

गरज कर बोले कि जैसे व्याघ्र कोई वन दहाड़ा
इन्द्र ने सीखा है जीवन में यही अन्तिम पहाड़ा
सोचता है फिर बिगाड़ेगा मेरे संकल्प को वह
क्या समझ रखा है मुझको जब बिगाड़ा तब बिगाड़ा

अब नहीं होगा मनोरथ सिद्ध इसका ज्ञान हो
मैं नहीं पथभ्रष्ट होऊँगा ये उसको भान हो
और तू आई चली मुझको समझ कर नरम चारा
शाप तुझको दे रहा हूँ जा अभी पाषाण हो

तू नहीं रमणी, बनी पाषाण रह शतवर्ष दस तक
शाप होगा सत्य इसमें नहीं होगा टस से मस तक
दण्ड पुनरावृत्ति का देना निहायत है जरूरी
कोई भी आगे न सोंचे करे न मन में साहस तक

ऋषि गए पाषाण रम्भा शाप कारण हो गई
शाप की निश्चित अवधि तक वो अकारण हो गई
था नहीं अपराध उसकी स्वयं की इच्छा नहीं थी
इन्द्र के अपराध व्रत की व्यर्थ पारण हो गई

शिला बनकर पड़ी थी गिनती अवधि थी शाप की
विवश थी कर्तव्य था जो कृत्य अपने आप की
समय की गति है अबाधित अवधि जब पूरी हुई
मुक्ति दी भूदेव ने तब मिटी पीड़ा ताप की

*   *

उबर पाई नहीं तब तक फिर नया आयाम आया
फिर वही अध्याय आया फिर वही पैग़ाम आया
इन्द्र का आदेश ऋषि शुकदेव का तप भंग करना
शान्त जीवन में नया इक और ये संग्राम आया

सोचती रम्भा सनातन रीति क्या ऐसे चलेगी
रूप का आधिक्य सूरत मोहिनी ऐसे छलेगी
क्या यही है भाग्य सबकी तपस्या में विघ्न डालूँ
और पाऊँ शाप,जीवन ज्योति अब ऐसे जलेगी

यदि यही अस्तित्व तो अस्तित्व का निहितार्थ क्या है
आज तक आया समझ न स्वार्थ क्या परमार्थ क्या है
क्या तपस्या भंग करने का यही बस एक माध्यम
कौन दे उत्तर हुआ यदि कभी तो शास्त्रार्थ क्या है

क्या प्रयोजन अप्सराओं का किसी ऋषि मुनि यती से
साधु साधक या कि सज्जन या कि फिर जोगी जती से
है नहीं सम्बन्ध कोई तन्तु जितना भी धरा पर
वैर कोई नहीं न ही शत्रुता दृढ़ दृढ़व्रती से

मूढ़ मघवा को यही बस एक ही उपचार दिखता
वासना के पंक लिपटे कीट का प्रतिकार दिखता
खुद पड़े हो भोग के नाले में तो सबको घसीटो
सोंच कितनी क्षुद्र कितना बुद्धि पर अधिकार दिखता

अप्सराएँ भोगती हैं बाप का जाता भला क्या
शाप जिसको शाप अपने आप का जाता भला क्या
शिला होगी वृक्ष होगी या कि सरिता बन बहेगी
तीर होता नष्ट तो हो चाप का जाता भला क्या

हुक्म होता मानना इनकार का अवसर नहीं है
और इससे रिक्त जाता कोई संवत्सर नहीं है
क्रिया की जो प्रतिक्रिया होती स्वयं सहना पड़े सब
जबकि किंचित किसी से भी मोह या मत्सर नहीं है

क्या सुशोभन है वदन में अस्थि ऊपर चर्म होता
रुक्ष दाढ़ी औ जटा मृगछाल का ही वर्म होता
तृण रचित कुटिया यही ऐश्वर्य आकर्षण यही है
कौन मोहित हो सकेगी ज्ञात न ये मर्म होता

ये तपस्वी समझ न पाते जरा सी बात इतनी
जानते हैं या नहीं, है इन्द्र की ये घात इतनी
शाप देते क्यों नहीं उसको हमें जो भेजता है
जानते हैं इन्द्र की है शह भी इतनी मात इतनी

होगा जो होना लिखा है समय अब प्रस्थान का है
लग रहा इस बार मेरे भाग्य के अवसान का है
सोच रम्भा चल पड़ी आए जहाँ थे लीन तप ऋषि
वक्त है अब नृत्य का औ वक्त मंजुल गान का है

फिर वही परिवेश मोहक फिर वही वातावरण था
फिर हवाओं का सुखद सुन्दर मधुर धुर संचरण था
फिर वही तपभंग फिर से क्रोध की वैसी ही ज्वाला
शाप के जल डूबना फिर से नहीं अब सन्तरण था

कहा ऋषि शुकदेव ने जा तू नदी बनकर बहेगी
गंदगी का भार अब तू सर्वदा सहती रहेगी।
तेरे जल से उठेगी दुर्गन्ध ऐसी कोई प्राणी
पान या स्नान कर ले इसको तरसती रहेगी

रो पड़ी रम्भा पड़ी ऋषि के चरण में जोड़कर कर
है कहाँ साहस कि हम अपकार किंचित भी सकें कर
जानते हैं आप दोषी हम नहीं हैं विवश हैं हम
क्षमा की है याचक यदि कर सकें तो दें क्षमा कर

कहा ऋषि ने शाप वापस लिया जा सकता नहीं है
स्वल्प मार्जन अधिक मार्जन किया जा सकता नहीं है
तू मिलेगी गंग में जा इतना कर सकता हूँ मैं
इससे ज्यादा और कुछ भी दिया जा सकता नहीं है

सोम ईश्वर शिवालय के निकट रम्भा बनी सरिता
हुई परिवर्तित नदी में अप्सरा जो चित्त हरिता
है वहीं उद्गम वहीं से आ के गंगा में मिली है
नाम रम्भा ही रहा सागर चली वो गंग तरिता

आजहुँ जो थित है ऋषिकेश बहै धरती तब ते अकुलानी।
नीर उठइ दुर्गन्ध दुखी रम्भा जस रोइ रही विलखानी।
पीर कहै मन की केंहि सों कछु दूर चले पर गंग समानी।
कोऊ नहात नहीं अचवै नहि शाप ते धारत दूषित पानी।।

इतनी रम्भा की कथा जन्म सिन्धु ते पाइ।
सीढ़ी शाप चढ़ी बढ़ी सागर गई बिलाइ।
सागर गई बिलाइ तनिक अपराध कियो नहि।
सुख को बरसी मेह भूलि दुख काहु दियो नहि।
कर्म धर्म से विवश हो अचगरि किन्हीं जितनी।
उससे सौगुन दण्ड का भोग कथा बस इतनी।।

इति शुभम्